उनके लिए... "आजमाईश - ए – मोहब्बत"

उनके लिए… "आजमाईश - ए – मोहब्बत"

सुनीत गुप्ता

ZORBA BOOKS

Published in India by Zorba Books, 2016

Website: www.zorbabooks.com
Email: info@zorbabooks.com

Copyright © Suneet Gupta

ISBN Print Book – 978-81-933169-6-2

Zorba Books Pvt. Ltd.(opc)

Gurgaon, INDIA

Printed at Repro Knowledgecast Limited, Thane

Contents

Contents

This book is dedicated to my near and
dear ones, who taught me how to love without any
expectation or holding back.

This book is also dedicated to my Parents,
my wife – Shalini Gupta and two of my daughters-
Kashish and Mahak. I love you ☺

My heartfelt thanks to all my family & friends for supporting and encouraging my passion for shayari.

Shayari, originally a musical form of Urdu poetry, allows a person to express various types of feelings and sentiments through rhythmic words.

Unke Liye… "Aajmaish - Ye – Mohabat" is a collection of shayaris that deal with deep emotions, expressed in a lucid manner. Love, betrayal, separation and longing appear and disappear in quick succession as in a celluloid screen. The pictorial descriptions that a reader forms while reading the shayaris are so compelling that it makes you sit back and think.

Prologue

One fine morning, as I lay on the recliner in my balcony, my eyes gently closed and my mind fully relaxed, a train of thought started pouring in. I was flooded with emotions that I could not explain nor contain. The same thoughts visited me time and again and I reexperienced these emotions. It was then that I decided to pen my emotions and thus this book was born.

तुझे भूल जाने की आदत
अगर हो जाती..
ज़िन्दगी फिर कितनी
खूबसूरत हो जाती..
ना चाहत होती तेरे ख्यालो की हमे,
और रातें भी तेरे ख्वाबो के बगैर गुजर जाती....

मोहब्बत तो खुद से ज्यादा की थी उनसे,
खुद को मगर उनके दिल में बसा ना सके..
डूबते रहे उनके ख्यालो के समंदर में हम,
किनारो को मगर कभी पा ना सके..
कहते रहे हम भुला देंगे एक दिन उन्हें,
हकीकत में मगर कभी भुला ना सके..
बेवफा तो वो हरगिज ना थे,
इतना तो हमको यकीं था उनपर,
फिर ना जाने साथ वो हमारा निभा ना सके...

आज फिर से क्यूँ मेरा ये दिल,
कुछ थोड़ा सा उदास है..
क्यूँ उनकी ही चाहत है मुझे,
क्यूँ उनके लौट आने की आस है...
क्यूँ भूलता नहीं ये दिल उन प्यारे से लम्हों को,
क्यूँ उन्ही लम्हों को ज़िन्दगी में वापस लानें की प्यास है..

चुप रहकर भी लगता है,
चुपके चुपके से वो बातें करते हैं..
ख्वाबो में आकर,
मोहब्बत का जैसे कोई इशारा करते हैं...
रहतें तो दिल में हैं हमारे,
फिर भी हमीं से किनारा करते हैं...
करीब रहकर भी दूर हो गए हैं इतने,
ख्यालात से ही हम उनके गुजारा करते हैं....

हर शाम तेरी यादों के साथ गुजरती गई,
ये मेरे प्यार की हद थी...
एक दिन लौट आओगे तुमको रोका नहीं,
ये मेरे ऐतवार की हद थी...
कहते रहे जी ना पाएगें तेरे बिना हम,
ये मेरे इकरार की हद थी..
सांसे मेरी चलती रही तेरे जाने के बाद भी,
बस ये मेरे इंतजार की हद थी...

बीते लम्हों को पकड़ना जो चाहा,
वो जाने और कितनी दूर हो गए..
ढूंढा बहुत उनको हमने,
वो जाने मगर कहाँ गुम हो गए..
पूंछा जो उन लम्हों से तो मालूम हुआ,
वो भी उनकी मोहब्बत में मगरूर हो गए...

जब पास नहीं हो तुम मेरे,
फिर क्यूँ होते हो मेरी यादों में तुम..
जब अश्क मेरे आते हैं,
फिर क्यूँ रोतें हो मेरी आँखों में तुम..
खुदगर्ज हुए तुम इतने,
बस आते हो जो ख्वाबो में तुम..
दिल करता है जब पास तेरे मैं आ जाऊं,
फिर क्यूँ रोके हो मेरी सांसो को तुम...

झुक जाता हूँ मैं वहाँ पर,
जहाँ थोड़ी भी मोहब्बत मिल जाती है..
थम जाते है मेरे कदम,
आवाज तनिक भी तेरी आ जाती है..
पास नहीं हो तुम मेरे,
अहसास मगर मैं कर लेता हूँ,
हवा जो छूकर तुमसे आती है...

गुजर गया वो लम्हां भी,
जिसमे तेरे आने की आस थी..
बिखर गया वो हर ख्वाब,
जिसमे तेरे प्यार की मिठास थी..
जुदा हो गयी वो यादें भी तेरी हमसे,
जो मेरे लिए कुछ खास थी..
तोड़ कर हर एक वादा छोड़ गया उस मोड़ पर,
मंजिल मेरी जहाँ से बहुत पास थी...

आज आंखे तेरी,
राज ये सारा बयां कर गयी...
मोहब्बत तुमको भी है,
हमसे ये बता कर गयी..
गिले फिर क्यूँ हो गए
हम दोनों के बीच में,
चाहत हमको भी है,
मोहब्बत तुमको भी है,..
फिर ये ज़िन्दगी क्यूँ
हमसे दगा कर गयी..

तेरी यादों से जुदा हो तो जाऊं,
मगर इस दिल को समझाना मुमकिन नहीं..
तुझे भूल जाने की कोशिश तो कर लूँ
मगर भूल जाना मुमकिन नहीं..
कुछ पल तो गुजार दूँ तेरे बिना,
मगर ज़िन्दगी सारी बिताना मुमकिन नहीं..
मैं तेरे सिवा मोहब्बत तो कर लूँ
मगर हर किसी को दिल से चाहना मुमकिन नहीं..

जब से तूने मुझे,
अपना दीवाना बना के रखा है..
हर शख्स ने तब से मुझे,
बेगाना बना के रखा है..
चुभने लगा हूँ हर शख्स की आँखों में
एक कांटे की तरहा,
फिर भी उस हर शख्स का अपने दिल में,
आना और जाना रखा है..

तारीफ क्या करूँ अब उसकी,
हर अंदाज उसका सबसे जुदा है..
चाहा है इस कदर उसको मैंने,
जैसे के वो कोई मेरा खुदा है..
ज़िन्दगी कैसे कटेगी अब उसके बिना,
जब एक पल भी गुजरता नहीं..
वही तो अब शाम है मेरी और वो ही सुबहा है...

अपनी मोहब्बत को कैसे, मैं बदनाम कर दूँ..
मेरा नाम है तुझसे जुड़ा,
जुदा करके कैसे उसे बेनाम कर दूँ..
छुपाया है खुद से भी जिसको मैंने,
नाम लेकर उसका कैसे सरेआम कर दूँ..

मोहब्बत तो तुमको आज भी हम,
खुद से ज्यादा करते हैं..
तभी तो तेरी सलामती के लिए,
खुदा से रोज़ लड़ते हैं..
ये चाहत नहीं तू मिल जाये
ज़िन्दगी भर के लिए..
हम तो बस कुछ पलो के लिए
तेरा इंतजार करते हैं..

ऐ ज़िन्दगी हर किसी को तुझसे इतने सवाल क्यूँ हैं..
उनकी बेवफाई से अब तक ये दिल बेहाल क्यूँ है..
जो सामने है क्यूँ कदर नहीं है उसकी,
जो पल गुजर गया है दिल को उसका ही मलाल क्यूँ है..

नफरत जितनी भी करते हैं उनसे,
मोहब्बत उतनी ही बढ़ जाती है..
जब भी कोशिश करते हैं उनको भूल जाने की,
याद उतनी ही और आती है..
बड़ी कसमकश में हूँ यारो,
पास होते हैं तो जान में जान आतीं है..
दूर जाते हैं तो लगता है, जैसे सांसे छूट जाती है..

एक दिन तो तेरी यादों से भी,
रिश्ता तोड़ जायेंगे..

एक मुशाफिर की तरहा से,
तेरे शहर को भी छोड़ जायेंगे..

ना सताओ यूँ हमको तुम,
ढूंढ ना पाओगे फिर कभी..

अँधेरी रातों में एक साये की तरहा,
कही खो जायेंगे..

कैसे करू अब इंतजार भी उनका,
खुद मालूम नहीं हमे किधर हम जायेंगे..

ख्वाबों से अब हमें,
दिल लगाने की आदत सी हो गयी है..
दर्द में भी अब हमें,
मुस्कराने के आदत सी हो गयी है..
जब से वो दूर हो गए हमसे,
दिल को भी हर किसी से,
फाँसले बनाने की आदत सी हो गयी है

ज़िन्दगी से ज्यादा कभी कुछ माँगा नहीं,
फिर किसी से गिला कैसे करूँ..
एक पल की ख़ुशी के बदले जो जख्म हमको मिले,
किसी से उस दर्द को बयां कैसे करूँ..
जिससे वफायें की ताउम्र हमने,
महफ़िल में उस बेवफा का जिक्र कैसे करू..
उलझे रहे सवालो में उसके,
मिले जो उन जबाबो की अब फ़िक्र कैसे करूँ..

नफरत हो गयी जिस पल हमे तुमसे,
बहुत पछताओगे..
ढूंढ लोगे दोनों जहाँ में हमको,
फिर भी ढूंढ ना पाओगे..
दूर तुमसे हो जायेंगे एक दिन हम इतने,
ना यादों में होंगे हम तुम्हारी,
ना ख्वाबों मे तुम आ पाओगे..

ले कर ली नफ़रत तुझसे अब तो,
जिसकी तुझको चाहत थी..
ले भुला दिया उस दिल ने भी तुझको,
जिसको तुझसे मोहब्बत थी..
ना गम है तेरे जाने का,
ना आने की अब कोई ख़ुशी,
ले रुक गयी वो सांसे भी अब तो,
जिनको तेरी कभी जरुरत थी..

दर्द देकर हमीं से पूछते हैं वो,
जख्म का हाल कैसा है..
दूर होकर हमीं से पूछते हैं,
मेरे बिन कैसे तू रहता है..
अब जिक्र किससे करूँ
अपनी बेबसी का यारो,
बेवफा होकर हमीं सी पूंछते वो,
चुप चुप तू क्यूँ रहता है..

तेरे होने का अहसास मुझे,
रातों को भी जगा देता है..
तेरी यादों का कारवां मुझे,
महफ़िल में भी रुला देता है..
माना के तेरे बिना अधूरे हैं हम,
मगर ये अधूरापन ही,
तेरे मिलने की चाहत और बढ़ा देता है..

तेरे बिना दिल को कही,
अब शकून आता नहीं..
दर्द तेरी जुदायी का,
इस दिल से सहा जाता नहीं..
धड़कनो में बसा है मेरी,
फिर भी एक अधूरापन महसूस होता है मुझे..
आहट तो सुनायी देती है तेरे आने की,
मगर देखता हूँ जब साया भी कोई नज़र आता नहीं..

इजहारे दर्द करना तो बाकी है अभी..
उस बेवफा का मुस्कराना तो बाकी है अभी..
उसकी नफरतों के जख्म खुले रख छोड़े हैं मैंने,
जख्मे दिल पर नमक लगाना तो बाकी है अभी..

दो पल की ये ज़िंदगानी है,
दो पल का बस उनका साथ हो...
दुनिया की किसको पड़ी है,
जब हाथो में उनका हाथ हो..
महफ़िल हो या तन्हाई हो,
लबों पर बस उनकी ही बात हो..
गुजरे ना कोई भी पल उनके बिना,
हर पल बस उनके प्यार की बरसात हो..

नाराज़ अगर तू हो भी जाये मुझसे,
फिर भी मेरी चाहत में तो तू है..

दूर अगर चला भी जाये मुझसे,
फिर भी मेरी नज़रो में तो तू है..

न कोई शिकवा है किसी दर्द से,
धड़कनो में बसा अगर तू है..

न कोई दर्द है मेरे सीने में,
अगर हर दर्द की दवा बस तू है..

मोहब्बत मैं कर तो लूँ,
मगर इसके कोई काबिल तो हो..
नफ़रत भरे इस जहान में,
मेरी चाहत में कोई शामिल तो हो..
मैं भी लुटा दूँ ये सारी ज़िंदगानी उस पर,
अगर दर्द के सिवा कुछ हाँसिल तो हो..

अपनी **FEELING** को मैंने,
कई बार उनको बताया था..
मगर ये प्यार का किस्सा,
ना उनको समँझ आया था..
वो पूंछते थे बस यही हर बार,
कैसे हो जाता है किसी से प्यार..
क्यूँ रोता है ये दिल किसी ही याद में,
क्यूँ होता है कोई किसी की फरयाद में...
जुदा होने के बाद शायद,
उनको ये अहसास आया था..
प्यार क्या होता है,
उनके दिल ने उनको समझाया था..

अपने लफ्जो से तुझे बयां करूँ,
या गजल की तरहा कागज पे लिखूँ..
तेरी बेवफाई का जिक्र करूँ,
या तेरी नफरत का दर्द दिल में सहूँ..
तुझसे आवाज देकर बताऊँ,
या चुपके से तेरे पास आकर कहूँ...
बस तू ही मेरी मोहब्बत है,
तू ही मेरी चाहत है..
तुझे SKG की जान कहूँ,
या अपना सारा जहान कहूँ..

भूल तो सकता नहीं तुमको,
मगर याद भी कैसे रखूं..
पास नहीं हो तुम मेरे,
फिर तुमको सँभाल के कैसे रखूं..
धड़कनो में बस गयी है जो तस्वीर तेरी,
अब उसको निकाल के कैसे रखूं..
तू ही बस मेरी मोहब्बत जब,
फिर तुम्हारे लिए इस दिल में
नफरत पाल के कैसे रखूं..

लकीरे उनके हाथों से मिट गयी,
ना जाने क्यूँ मेरे नाम की..
हद से ज्यादा मोहब्बत जो की थी,
वो भी ना रही किसी काम की..
गुमनाम सी हो गयी ये मेरी ज़िन्दगी,
कुछ खबर ना रही अब इस जहान की..

तुझे भूल जाने की कोशिश तो,
बरसो से हम करते रहे..
फिर भी तेरी यादों में,
खुद ही पल पल जलते रहे..
ना दिल को शकून आया कभी,
ना चैन हमने पाया कहीं..
हर वख्त बस तेरे इंतजार में,
अश्क मेरी आँखों से निकलते रहे..

नफरतो के इस बाजार में,
बस तेरी मोहब्बत ही नज़र आती है..
हर एक परछाई में सनम,
बस तेरी तस्वीर नज़र आती है..
दिल की गुजारिश है अब,
बस आजाओ नज़र के सामने..
ये ज़िन्दगी तेरे बिना अब,
बस बेजार नज़र आती है..

अधूरी सी कुछ ख्वाइशे हैं मेरी,
आज तुम उनको पूरी हो जाने दो..
यूँ ना अब नाराज़ रहो तुम हमसे,
लबो को थोड़ा सा तो मुस्कराने दो..
तरसे बहुत हैं हम तेरे दीदार को जानम,
अब आकर पास हमारे तुम,
अपने होने का अहसास तो हो जाने दो..

उनकी यादो के सिलसिले रुकते नहीं,
उनके छोड़ जाने के बाद भी..
वादा करते है वो निभाने का हर बार,
पुराना तोड़ जाने के बाद भी..
ज़िन्दगी लगती है मेरी,
एक उजड़े हुए शहर की माफिक,
खफा जब भी हो जाते हैं वो,
मेरे हर बार मनाने के बाद भी..

मुस्कराने के ख्वाईश तो अपनी भी थी,
मगर कहाँ ऐसे नसीब थे..
जुदा हो गए वो सारे पल ज़िन्दगी से,
जो हमको बड़े अजीज थे..
राहें वो मुड़ गई जाने किधर,
जब अपनी मंजिल के हम करीब थे..
ये इश्क तो आग का दरिया है
और डूब के इसमें जाना है,
जो तैर गए वो बड़े खुशनसीब थे..

मेरे दिल के टूट जाने का अहसास कहाँ उनको,
उन्हें तो ब्रस मुस्कराने की बुरी आदत जो है..
लोग कहते है वो कहीं नहीं हैं,
ये कैसे उनको बताऊँ उन्हें बस छुप
जाने की बुरी आदत जो है..
उनका अहसास तो मुझको होता है,
ये आँखों को कैसे बताऊँ उन्हें तो
बस ख्वाबों में आने की बुरी आदत जो है..
बड़ी कसमकश में हूँ ऐ ज़िन्दगी,
ये कैसे खुद को समझाऊँ उन्हें तो बस
मुझको सताने की बुरी आदत जो है..

उनके नाम की तरह,
अगर ये शाम भी खूबसूरत हो जाये..
इस ज़िन्दगी को अगर,
तेरे जैसे यार की जरुरत हो जाये..
मेरे इस दिल को भी अगर,
तेरे प्यार की आदत हो जाये..
हर ख्वाब हो एक हकीकत के तरह,
अगर मेरे दिल तो तुझसे
मोहब्बत करने के इजाजत हो जाये..

अहसास होता है मुझे भी,
अगर दर्द होता है तुझे कभी..
समझा देता हूँ अपने दिल को,
ख्यालों में खोता है तेरे कभी..
समँझने की कोशिश बहुत की हमने,
मगर समँझ पाए नहीं आज तक..
सनम बेवफा तो सुना था हमने,
मगर दिल भी क्या बेवफा होता है कभी..

सांसे मेरी रुखसत होने को हैं,
एक बार अगर तुम मिल जाते..
कुछ पल और बिता लेते,
हाथो में हाथ तेरे अगर मिल जाते..
कुछ जख्म भी धुल जाते,
अश्क मेरे अगर उनको मिल जाते..
कुछ अश्क भी आजाते ख़ुशी से इन आँखों में,
साथ अगर तुम मेरे मिल जाते..

अगर मैं दर्द हूँ तेरा,
दवा भी तो मैं ही हूँ..
अगर मैं नफ़रत हूँ तेरी,
चाहत भी तो मैं ही हूँ..
तू मेरी ज़िन्दगी में ना सही,
मगर तेरा इंतजार तो मैं ही हूँ..
तू ये इकरार करे या इंकार करे,
मगर तेरा प्यार तो बस मैं ही हूँ..

यूँ वख्त बेवख्त हमको सताना बुरी बात है..
हमसे यूँ राज़ दिलो के छुपाना बुरी बात है..
एक दिन तो वख्त हमारा भी होगा कभी,
तेरी नज़रो से दूर हो जायंगे हम कही..
मगर यूँ देखकर नज़रे चुराना बुरी बात है..
दर्द का हमारे ना अहसास हो बेशक तुझे,
मगर यूँ दर्द देकर मुस्कराना बुरी बात है..
गिरकर तो उठ जायेंगे खुद भी हम,
मगर यूँ नज़रो से गिराना बड़ी बात है..

उनको पाकर ना खोना,
ये तो बस ख्वाबों में ही होता है..
सच में तो ये दिल उनके लिए,
जाने कितना रोता है..
ये ऑखें नम हो जाती है और
ये सांसे कम हो जाती है,
अक्सर उनके इंतजार में,
यारो किसी की चाहत में क्या यही सब होता है..

बेखुदी में बस पीते गए हम,
उनकी आँखों की सारी शराब..
यादों में ही गुजर गयी रातें,
आने से पहले उनके ख्वाब ..
छुपाया बहुत हमने अपने
इश्क को इस ज़माने से,
बिखर गई फिर भी खुशबू की तरह
मेरे प्यार की हर बात..

क्यूँ आ जाती हैं उनकी यादें,
अक्सर उनके आने से पहले..
क्यूँ वो नहीं आते मेरे पास,
उनकी यादें आने से पहले..
यही बस एक शिकायत है
मेरे दिल को उनकी यादों से..
कितना रुलाती है उनकी यादें,
मुझको हँसाने से पहले...

अधूरे से ख्वाब लेकर चले थे हम,
मगर उनके ख्यालो से ही दूर हो गए,..
हमने तो निभाई थी वफायें सिद्दत से,
फिर वो क्यूँ बेवफा होने को मजबूर हो गए..
जितना चाहा उनको पास लाना,
वो उतने ही क्यूँ हमसे दूर हो गए..
गुजरती नहीं ये ज़िन्दगी जब उनके बगैर,
वो फिर क्यूँ खुदा के नूर हो गए..

वो अक्सर बोलते हैं हमसे,
फ्री हो जाओ तो बता देना..
बुरी आदत है ये उनकी,
प्यार करके उसे जता देना..
माहिर हैं वो वादा करने में,
मगर फितरत में उसको तोड़ देना,
रूठने मनाने की यही एक
कहानी है मेरी दोस्तों,
आता है हर वख्त उनको बस
खफा होकर दिखा देना..

गुजारिश करते है उनकी यादों से,
वो दिल मेरे सदा बसी रहे..
इबादत करते है उनकी तस्वीरों की,
वो आँखों में मेरी सजी रहे..
यूँ तो सोच लेते हैं हर पल में उन्हें कई बार,
सिफारिश करते है फिर भी खुदा से,
उनकी आदत सदा हमें बनी रहे..

तेरे चले जाने के बाद भी हमने,
तेरी यादों को सँभाल के रखा है..
पूंछ ले अपने दिल से,
आज भी तुझे अपना जहान बना के रखा है..
तू बेशक भुला दे हमारी मोहब्बत को..
मगर हमने तो आज भी खुद को,
तेरे शहर का मेहमान बना के रखा है..

ज़िन्दगी से ज्यादा,
कुछ और माँगा नहीं उनके सिवा..!
आँखों में कोई और ख्वाब,
आया नहीं उनके सिवा..
कौशिस तो कई बार हुई उनको भूल जाने की,
मगर कोई और यादो में समाया नहीं उनके सिवा..

आज उनकी यादो से कुछ तो राहत मिली हमको..
आज उनकी बातों में कुछ तो चाहत दिखी हमको..
यारो ये जिंदगी यू ही मुस्कराती रहे सदा,
आज उनकी दोस्ती में कुछ तो जिंदगी दिखी हमको....

हर रोज की तरह आज फिर,
उसने आपना वादा तोड़ दिया...
अब तो उनकी यादों ने भी,
मेरे साथ रहना छोड़ दिया ..
मैंने तो गुजारिश की थी बस
कुछ दिन साथ निभाने की,
उसने तो पूरी ज़िन्दगी के लिए
तन्हाइयो में छोड़ दिया...

वो मंजिल अधूरी थी,
मेरी ज़िन्दगी अधूरी थी तेरे बिना..
वो परछाई अधूरी थी,
मेरी तस्वीर अधूरी थी तेरे बिना..
वो सांसे अधूरी थी,
मेरी धड़कने अधूरी थी तेरे बिना
वो चाहत अधूरी थी,
मेरी मोहब्बत अधूरी थी तेरे बिना..
तुम मिले तो अहसास हुआ मुझको,
मैं अधूरा था तुम्हारे बिना
तुम अधूरी थी मेरे बिना..

❀

कुछ इस तरह से गुमराह हुए,
हम उनकी मोहब्बत में..
ना खुद का होश रहा,
ना इस जहाँ की फ़िक्र हमे..
दिल तो टूटा ही उसकी बेवफाई से,
जीने का भी सबब ना रहा उसकी चाहत में..

❀

आज खुश तो बहुत होंगे वो,
दिल जो हमारा तोड़ दिया ...
जिस रिश्ते पर नाज़ था हमको,
वो रिश्ता ही उसने तोड़ दिया..
बड़ी शिद्दत से एक शहर बसाया था
उसकी यादों का,
और उसने एक ही पल में
वो शहर ही छोड़ दिया...

उनकी यादें इस दिल से
ना जाए तो मैं क्या करू. ..
ख्यालों से भी उनका अहसास
ना जाए तो मैं क्या करू..
बड़ी कसमकश में हूँ मैं,
नज़रो को हर जगह वही नज़र आये तो
मैं क्या करू..

काश हम भी सीख लेते हुनर,
उनको भूल जाने का..
दिल को भी कोई शिकवा ना होता,
उनके दूर जाने का...
ज़िन्दगी भी गुजर जाती मुस्कराते हुए,
और उन पर भी कोई इल्जाम ना आता,
वादा तोड़ जाने का...

जब याद उनकी आती है,
बस याद कर लेते हैं....
महफ़िल में तन्हा होकर भी,
हंस के जी लेते हैं....
डरते हैं कही खो ना जाये
उनकी यादें हमसे कही,
इसलिए उनकी यादों को
अपनी यादों में मिला लेते हैं..

उठने लगे उनके कदम,
जब हमसे दूर जाने को..
सांसे भी थमने लगी,
साथ हमारा छोड़ जाने को..
दर्द से भी दर्द का रिश्ता ना रहा जब,
क्या बताये इस ज़माने को...
गमो की दास्ताँ बन गयी ये ज़िन्दगी,
दिल नहीं करता अब मुस्कराने को...

ज़िन्दगी यूँ तो गुजर जायगी,
मगर उनकी कमी महसूस तो होगी....
कितनी भी कोशिश करूँ मुस्कराने की,
मगर आँखों में नमी तो होगी...
बेशक उनकी हर खता को मॉफ किया हमने,
मगर दिल को एक शिकायत तो होगी.....
भूल भी जाये उनको अगर हम,
आँखों को उनके ख्वाबों की आदत तो होगी...

उनकी यादों का जनून ना
हमसे दूर जायेगा,
दिल को उनके बिना कैसे
शकून आयेगा...
खुद को समझा भी ले
एक बार अगर,
मगर दिल को मेरे कौन
समझायेगा...

उनको भी हमसे मोहब्बत तो थी,
मगर उसने कभी इकरार ना किया..
तभी तो आज तक उसने भी
किसी और से प्यार ना किया,
उनको ये दिल भी क्या इल्जाम दे,
हमने भी तो आज तक उनसे
अपने प्यार का इज़हार ना किया..

काश इस ज़माने में नफ़रत ना होती,
आज भी उनको हमसे मोहब्बत होती.....
गुजर जाती ये ज़िन्दगी उनकी बाहों में,
हमको भी किसी और की चाहत ना होती...

ढूढ़ लेना चाहे तुम किसी को,
मगर हम जैसा ना मिल पायेगा ...
कोई तो मिल जायेगा मगर,
हम जैसा ना कोई तुमको चाहेगा...
जरूर उसकी नज़रो में भी
चाहत होगी हमारे जैसी....
मगर हमारे जैसी आँखे कहाँ से लाएगा....

ज़िंदगी का ये सिलसिला,
अब कुछ ही लम्हों में थम जायेगा,
कम से कम अब तो वो बेवफा,
हमसे मिलने आएगा..!
सुना देंगे अपने टूटे दिल की
सारी दास्ताँ उसको,
शायद इस बार तो उसको
हम पर यकीन आएगा...!!

जीना आसान नहीं था उसके बिना,
मगर उनसे वादा भी तो निभाना था...
ये तो शायद किस्मत की बात थी,
उसने हमसे दूर जाना था,
काश हर वादे की तरह ये वादा भी तोड़ देते वो,
मगर दोस्तों उनको भी तो
अपना ये ही वादा निभाना था....

छुपा लेते है हर एक दर्द अपना,
ताकि उन पर कोई इल्जाम ना आये...,
बहा लेते है अश्क तन्हाई में,
ताकि महफ़िल में आँखे नम ना हो जाये..!
सहन करने की आदत सी हो गई है,
अब तो हर एक सितम उनका....,
इसलिए चुपके से सह लेते है,
ताकि किसी को खबर ना हो जाये...!!

ऐ ज़िन्दगी क्यूँ रुकी रुकी सी है,
अभी तो मंजिल बहुत दूर है..
अभी तो उनका अहसास भी नहीं हुआ,
न जाने अभी वो कितनी दूर है...
ज़िन्दगी तू कदम तो बढ़ा,
ये जमाना भी तेरे साथ होगा,
वैसे अकेले भी लोग किनारा ढूंढ तो लेते जरूर है...

उनकी यादों का कारवां भी,
हमसे दूर जाने लगा..
दिल की धड़कनो का शोर भी,
कुछ धीमा सा आने लगा..
वो आये भी नहीं अभी तक,
उनके आने से पहले ही,
उनके जाने का गम सताने लगा...

सुना था मतलब निकल जाने के बाद
लोग बदल जाते हैं,
हमने तो उसकी तस्वीरो को भी
रंग बदलते देखा है....
कहते थे जो एक पल भी
ना जी पाएंगे तेरे बिना,
हमने तो उसको भी हर पल
गैरो पे मरते देखा है...
साथ निभाने की कसमें खातें थे
जो जन्मो जनम,
हमने तो उसको भी मौसम की तरह
बदलते देखा है ..
हर रोज ना जाने कितने जख्म दिए
उसने इस दिल को,
हमने इस दिल को फिर भी
उसकी यादों में पल पल जलते देखा है..

हमने तो मोहब्बत की थी उनसे,
मगर नफ़रत करने की अदा तो उनकी थी....
हमने तो ख्वाबों में बसाया था उनको,
नींदे चुराने की अदा तो उनकी थी...
हमने तो यादों में बसाया था उनको,
मगर भूल जाने की अदा तो उनकी थी...
हमने तो दिल में छुपाया था उनको,
नजरो से गिराने की अदा तो उनकी थी...
कैसे होता फैसला उनकी बेवफाई का,
अदालत भी उनकी थी,
और इंसाफ करने की अदा भी उनकी थी...

उनको चाहने से भी क्या फायदा,
जब वो बेवफा हो गए..,
नजरो से तो क्या,
अब वो दिल से भी जुदा हो गए..!
हमने तो समझा था उनको,
अपने दिल का खुदा...!!
मगर वो इस दिल को छोड़ कर,
जाने कहा गुमशुदा हो गए..!!

कही रूसवा ना हो जाये हमारी मोहब्बत,
बस इसी बात से डरते है...
जख्म देते है कितने वो हमको,
फिर भी उन्ही से ही प्यार करते है...
कैसे मिल जाती हैं सबको खुशियां इस ज़माने में,
हम तो एक खुशी के लिए,
हर रोज अपने गमों से लड़ते है...!!

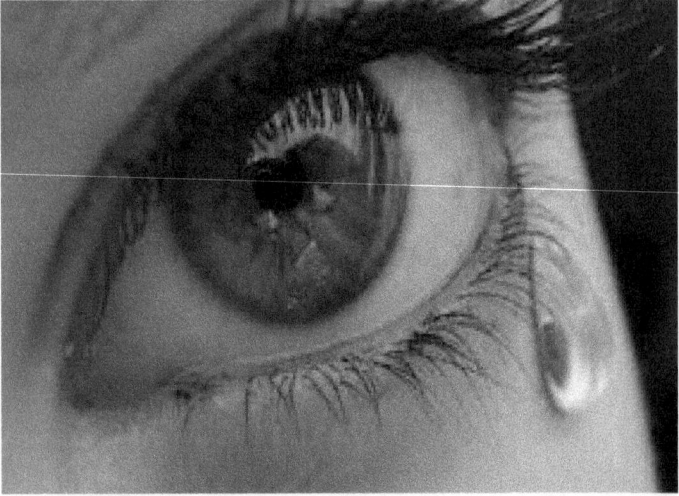

थक गया हूँ ऐ ज़िन्दगी,
रुक जा बस कुछ लम्हों के लिए....
कुछ पल और इंतजार कर लूँ उनका,
चले जाना फिर उम्र भर के लिए...
वो आकर मुझसे मिलने और मैं उनसे मिल लूँ
बस कुछ पलो के लिए..
ना कोई शिकायत होगी उनसे,
ना कोई गम होगा ज़िन्दगी भर के लिए..
ना कोई ख्वाब होगा ना कोई ख्याल होगा,
ना कोई याद ना कोई फरयाद होगी..
चलेंगे साथ हम भी बिन कुछ कहे,
एक बस उनकी खुशी के लिए..

उनके चाँद से चहरे को
अपनी आँखों में बसाया है.....
बड़ी शिद्दत से उनकी मोहब्बत को
अपने दिल में समाया है.....
तन्हाइयो में गुजार दी ज़िन्दगी
तमाम उनके इंतजार में,
बड़ी मुद्दत के बाद अब
उनके होने पे यंकीन आया है...

वो पास नहीं है मेरे,
मगर उनकी याद हर पल आती है...
हर एक आहट उनके
आने का सबब दे जाती है..
कुछ और नहीं है पास मेरे,
एक बस उनकी यादों के सिवा,
वही बस हर लम्हां मुझे
मेरे जीने का अहसास कराती है...

उनकी मुस्कराहटों पे होके निशा,
खुद को उन पर फ़िदा कर बैठे..
अपने दिल के बारे में भी सोचा नहीं,
बस दिल को खुद से जुदा कर बैठे
काश पूंछ लेते किसी से उनकी बेवफाई के बारे में,
बिना कुछ सोचे समझे हम बस उनको
अपने दिल का खुदा बना बैठे..

मेरे ख्वाब उनके लिए है,
मेरा हर ख्यालात उनके लिए है..
मेरे शब्द उनके लिए है,
मेरी शायरी की ये सौगात उनके लिए है...
मेरी मोहब्बत उनके लिए है,
मेरे दिल के सारे जज्बात उनके लिए है
मेरी यादों का शहर उनके लिए है,
मेरी उनसे मुलाकात उनके लिए है...
मेरा जीना उनके लिए है,
मेरी सारी कायनात उनके लिए है...
मेरे दिल की हर धड़कन मेरी सांसों से कहती है,
मेरी हर बात उनके लिए है बस उनके लिए है..

꧁ ꧂

वो दर्द देते गए,
फिर भी हमने अपनी
 मोहब्बत को कभी कम ना किया...
वो जख्म देते गए,
फिर भी हमने अपने
दर्द का अहसास उनको ना दिया..
वो हर कसम तोड़ते रहे,
फिर भी हमने उनकी
नज़रो को झुकने ना दिया....
कई बार तोडा उसने दिल हमारा,
फिर भी उसके लिए
नफरत को अपने दिल में रुकने ना दिया...

꧁ ꧂

हमे उनको पाने की ज़िद थी,
बस उनको अपना बनाने की ज़िद थी...

वो खुद आये या ना आये,
हमे तो बस उनको बुलाने की ज़िद थी...

वो चाहे या ना चाहे,
दिल को बस उन्हें चाहने की ज़िद थी...

वो वादा निभाए या तोड़ जाये,
हमे तो बस वादा निभाने की ज़िद थी..

वो बेवफाई करे या वफायें,
हमे बस उनकी मोहब्बत में डूब जाने की ज़िद थी...

दिल ने रोका बहुत हमको टोका बहुत,
मगर हमको तो बस उनसे अपनी ज़िद मनवाने की ज़िद थी....

क्यूँ उनकी तरहा से ही,
हमसे दूर चली जाती है तू ऐ ज़िन्दगी ....
क्यूँ उजालो की चाहत में,
रात भर ठोकरे खाती है तू ऐ ज़िन्दगी ....
उन राहों को भी तरस आने लगा है तुझ पर,
जिन राहों से गुजर जाती है तू ऐ ज़िन्दगी....
उनके कदमो के पीछे ना जाने क्यूँ...
उनके इंतजार में ज़िन्दगी भर
भटकती जाती है तू ऐ ज़िन्दगी....

ये दर्द से रिश्ता अपने दिल का,
बहुत पुराना सा लगता है....
ये रोग मोहब्बत का,
कुछ जाना पहचाना सा लगता है.....
ये जख्म कोई नया नहीं,
बरसो पुराना सा लगता है...
बेवफाई के किस्से तो बहुत सुने थे लोगो से हमने,
पर उनका ये शोक नया नहीं,
बहुत पुराना सा लगता है....

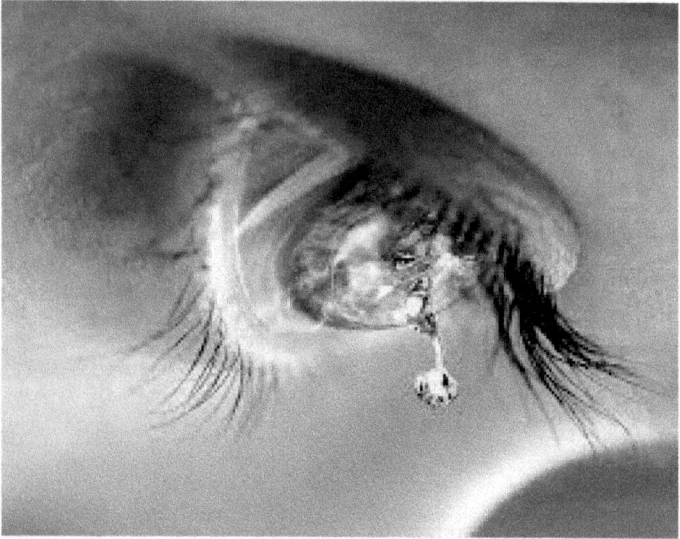

जख्मो का क्या वो तो
एक दिन भर ही जायेंगे...
मगर उनकी बेवफाई को
कैसे हम भुला पाएंगे...
जब भी कभी ज़िक्र होगा
दस्ताने मोहब्बत का,
हम अपनी मोहब्बत की दास्ताँ
कैसे किसी को सुनाएंगे.....

ना जाने क्यूँ मेरी हर साँस में,
उसी की खुशबू आती है...
जिधर भी देखता हूँ मैं,
बस उसी की तस्वीर नज़र आती है...
वो अपना कहे ना कहे मुझको,
मगर हमको तो बस उसमे
मेरी जान नज़र आती है....

उनके पहलू में ज़िन्दगी गुजर जाये,
बस इतनी सी ख्वाईश थी..
वो ख्वाबो से ना जाएं कभी,
बस इतनी सी सिफारिश थी..
बेशक वो सितम करे हम पर,
मगर उनको हर खुशी मिल जाएं,
खुदा से इतनी सी गुजारिश थी...

चलो दोस्तों तुमको मोहब्बत की
एक दास्ताँ सुनाते है..
क्यूँ लोग दिल तोड़ने देने के बाद
फिर प्यार जताते है...
जिनको भुलाया है
मुश्किलो से हमने,
वही ख्वाबो में आकर
क्यूँ नींदे चुराते है...

काश उनके हाथो की
लकीरों में बस हम होते...
उनके मुकद्दर की
तकदीरो में बस हम होते...
उनके दिल की किताब के
हर पन्ने पर हमारा ही नाम होता,
और उनके ख्वाबो की हसीं
तस्वीरो में बस हम होते....

दिल की आरजू थी बस थोड़ा
उनका साथ पाने की..
अपनी मोहब्बत का उनको थोड़ा
अहसास दिलाने की....
सदियाँ गुजर गई उनके इंतजार में,
मगर आँखों ने फिर भी उम्मीद न छोड़ी
उनके आने की..

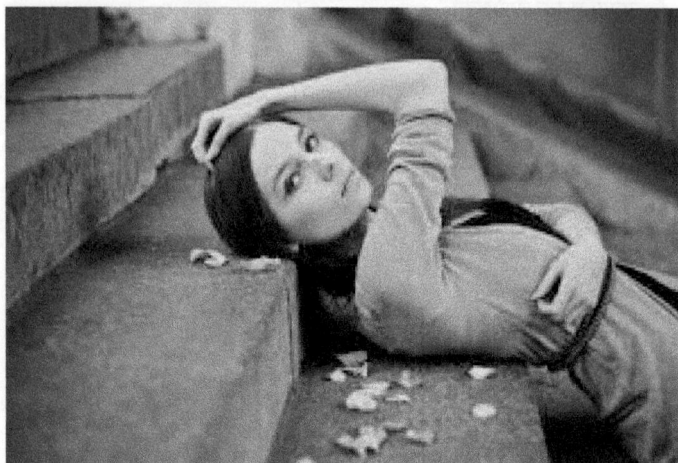

ऐ ज़िन्दगी तेरे आगोश में
सो जाने को जी चाहता है...
आज भी उस बेवफा पर सब कुछ
लुटाने को जी चाहता है ...
गमो की दास्ताँ है तू ऐ ज़िंन्दगी,
फिर भी तेरे पास
चले आने को जी चाहता है..

दिल की ये आरज़ू है,
ज़माने से तुझको छुपा लूँ...
अपने दिल की धड़कनो की जगह,
तुझको बसा लूँ..
एक हो जाएं दिल और
जान की तरह बस हम दोनों,
कुछ इस तरह से
खुद को तुझ में मिला लूँ....

वो खेलते रहे सदा
मेरी कमजोरियो के साथ मे,
और मैं समंझता रहा
उनकी कोई मजबूरी होगी....
मैं मोहब्बत करता रहा
ज़िन्दगी भर ये सोच कर,
कभी तो एक दिन
उनकी नफ़रत में थोड़ी कमी होगी...

मैं प्यार हूँ तेरा,
मुझको वो ये अहसास
कराया करता था...

हर दफा अश्क बनकर,
मेरी आँखों से बह जाया करता था..

जी नहीं सकेंगे तेरे बिना,
हर वख्त मुझको जताया करता था..

सुनाई देती थी उसके
दिल धड़कन मेरे दिल में,
जब वो दूर जाया करता था...

अकेला छोड़ गया
वो ही शख्श हमको,
जो हर पल साथ रहने की
कसमे खाया करता था...

छोड़ दिया जा तुझको तेरे अपनों के लिए,
तू मेरी फ़िक्र मत करना...
आ जाये कभी भूले से याद मेरी,
आँखों को अपनी खबर मत करना....
महफ़िल में आ जाये कभी नाम मेरा,
गुजरी हुई बातों का जिक्र मत करना..
मिल जाएँ कभी यूँ राहों पर गुजरते हुए,
नज़रो को तुम उधर मत करना...

उनकी मोहब्बत में
फना भी हो जाएँ तो क्या गम है...
प्यार तो वो दरिया है
जिसमे डूबते सब है उबरते कम है
हमने तो जी ली ज़िन्दगी
अपनी बस उनकी बाँहों में,
अब मौत भी आ जाये तो क्या गम है......

अभी तो दिल को सकूँ आया ही था,
कि उनका साथ छूट गया...
अभी तो मंजिल बहुत दूर थी,
उनके हाथो से हाथ छूट गया...
अभी तो दिल में उनको बसाया ही था,
कि ख्वाब मेरा वो टूट गया....
अभी तो जीने की
एक तमन्ना जगी थी इस दिल में,
तभी उसकी बेवफाई से ये दिल टूट गया...

ज़िन्दगी गुजरती नहीं तुम्हारे बिना,
अब तुम लौट भी अब आओ ना...
ना हमसे अब दूर रहो तुम,
इस दिल को इतना सताओ ना...
मुश्किल है जीना तुम्हारे बिना,
बात ये अब समँझ भी जाओ ना...
सताओ ना यूँ अब हमको,
अब तुम मान भी जाओ ना...

कितने खत लिखे
ना जाने उनकी याद में,
मगर कोई पैगाम ना आया..
होंटो पर फिर भी कभी उनके सिवा,
दूजा कोई और नाम ना आया..
आंखे भी इंतजार
करती रही उनके दीदार को,
और दिल का तड़फना भी
उस बेवफा के कुछ काम ना आया...

दिल में दर्द और चेहरे पर
एक मायूशी नजर आती है..
इस ज़िन्दगी में बस उनकी ही
एक कमी नज़र आती है..
काश रुक जाये
ये लम्हा बस यही पर,
जिसकी वजह से दोनों के बीच में
ये दूरी नज़र आती है..

उनकी यादो का ये कारवां,
और उनका ख्वाबों में आकर सताना...
उनकी मोहब्बत करने की अदा,
और उनका किया वादा तोड जाना...
उनका चुपके से दिल चुराना,
और चुराके हमको ना बताना.......
उनका हर मुलाकात में रूठ जाना,
फिर बदली की तरह प्यार बरसाना...
बहुत याद आता है..

इस दिल के आशयाने में,
तेरी तस्वीर को बसा के रखा है..
नफरत ना हो जाये कही तुमसे,
इसलिए दिल को समझा के रखा है..
नज़र ना लग जाये कही तुमको हमारी,
इसलिए अपनी नज़रो से भी
तुमको बचा के रखा है...

हमारी यादों को दिल में बसाकर रखना,
हम बिखर गए तो तुम भी टूट जाओगे..
हमारे ख्वाबों को आँखों में सजाकर रखना,
नहीं तो कभी हमको ढूढ़ ना पाओगे..
ज़िन्दगी में कभी हमारी जरुरत आ जाये,
एक आवाज में हमको अपने करीब पाओगे..
तुम्हे क्या बताएं अपनी चाहत के बारे में,
चाहा है बस तुमको इतना तुम किसी को ना चाहोगे..

ओ बेवफा तू इस तरह से,
क्यूँ मुझसे दगा कर रही है...
हर वख्त दर्द दे कर मुझे,
क्यूँ इस तरहा तबाह कर रही है....
जीने दे कुछ और पल मुझे तू अपने साथ में,
इस तरह से मुझसे,
खुद को तू क्यूँ जुदा कर रही है....

तेरे ख्यालों से ही तो
अपने ख्वाबों की दुनिया सजाई है...
पीछे मुड़के जो देखा,
बस तेरी परछाई सी नज़र आयी है...
तेरे जाने के बाद महसूस हुआ,
मेरे साथ बस मेरी तन्हाई है...
तू जिन्दा रहे मुझमे सदा,
इसलिए तेरे दिल की धड़कन
अपने दिल में बसाई है...

मेरा हर एक दर्द मुझको,
अहसास देता है उसकी रुसवाई का....

मेरा हर जख्म बयाँ करता है,
किस्सा उसकी बेवफाई का....

दिल के टुकड़े बिखर गए एक टूटे हुए आईने की तरहा,

देखता हूँ खुद को उन टुकड़ो में जब,
अहसास होता है मुझे मेरी तन्हाई का....

ऐ अश्क ना निकल आँखों से,
मुश्किल से तुझे पलकों में दबा के रखा है..
ऐ दिल ना धड़क तू यूँ सीने में,
धड़कनो में उनकी
यादों को छुपा के रखा है...
उनके आने से पहले
ना बंद हो जाएँ मेरी आँखें,
इसलिए उनकी तस्वीर को
अपनी आँखों में बसा के रखा है...

लौटकर आ जाओ तुम,
दोनों जहाँ तुम पर लुटा देंगे. ..
तुम कह दोगे अगर,
आसमां को भी जमी पर ला देंगे...
मोहब्बत को हमारी
उस दिन समँझ जाओगे तुम
इबादत करके जिस दिन,
खुदा तुमको बना देंगे...

सुनो ना मेरे दिल की धडकनो की सदा,
बस ये तुमको ही बुला रही है..
आवाज देती है बार बार तुमको,
बस तुमको ही अपना दर्द सुना रही है...
तू ये मान भी जा अब तो,
तेरा नाम ही आता है लबो पर बार बार...
ये मेरी सांसें तेरे इंतजार में,
कभी आ रही तो बस कभी जा रही है....

आज भी मेरे दिल के टुकड़ो में,
तेरी परछाई को देखता हूँ...
कही बहुत दूर से भी मैं तुझको,
अपने बहुत पास देखता हूँ..
दिल को तो यकीन है तेरी
सभी कसमो पर जो तूने खाई थी,
मगर तेरे वादों में आज भी मैं,
 बेवफाई की आंच देखता हूँ...

मैंने तो जो भी लिखा,
बस उनके लिए ही लिखा है.....
बुरा लिखा या अच्छा लिखा,
मगर बस सच्चा लिखा है....
उसने तो दर्द दे कर जख्मेदिल कर दिया,
मैंने तो फिर भी एक बेवफा को
बस बेवफा ही लिखा है..

दूर जाने के बाद वो फिर से,
करीब आने की बात करते हैं...
हम सोएं हैं ज़िन्दगी तेरे आगोश में,
वो जगाने की बात करते हैं...
मुश्किल से अँधेरी रात आयी है
सदियाँ गुजर जाने के बाद,
और वो इस रात में चिराग
जलने की बात करते हैं...

कुछ पुराने रिश्तो को
आज हम तोड़ आएं हैं...
दिल में बसा के रखी थी
जो तस्वीर उनकी,
वो उन्ही के पास
छोड़ आये हैं....
निकलते थे अश्क
जो उनकी याद में,
आज उन अश्को का रिश्ता
उनकी आँखों से जोड़ आएं हैं...
कैसे जियेगा वो बेवफा अब,
उसकी धड़कनो को अपने
दिल से जोड़ लाएं हैं...

तन्हाई के पलों में बस
तेरी यादों के सहारे जी लेता हूँ...
इस दिल को समझाने के लिए
बस खुद पर ही हंस लेता हूँ...
गमों की दस्ता है ये ज़िन्दगी जब,
इसलिए गम को छुपाने के लिए अपने
दर्द को चुपके से पी लेता हूँ....

उनके दिल की गहराइयो में भी हमको,
मगर वो प्यार का समुन्दर ना
मिला जिसकी हमें तलाश थी...
हमने ज़िन्दगी से ज्यादा चाहा उनको,
मगर उनसे वो मोहब्बत ना मिली
जिसकी हमें तलाश थी...
उनके साथ बस यूँ ही चलते रहे हम,
मगर वो मंजिल ना मिली जिसकी हमें तलाश थी....
वैसे तो सदा रहे हम दोस्तों के बीच में,
मगर वो दोस्ती ना मिली जिसकी हमें तलाश थी...

हम चाहें भी मगर,
ये दिल तुमको ना भूल पायेगा..
हमारे भूल जाने के बाद,
कौन तुमको इतना चाहेगा..
हर एक रिश्ता ख़ास है तुम्हारे लिए,
एक बस मेरे सिवा,
फिर भी मेरे जैसा रिश्ता,
कौन तुम्हारे साथ निभाएगा...

काश अपना भी गुजरा हो जाता,
उनकी तरहा उनके बिना..
काश हमारा भी कोई सहारा हो जाता,
उनकी यादों के बिना...
काश कोई तो ख्वाब नियारा हो जाता,
उनके ख्यालो के बिना...
काश इस दिल को भी कोई
प्यारा हो जाता उनकी चाहत के बिना...

तेरे ख्वाब सोने नहीं देते,
तेरी यादें मुझे जीने नहीं देती....
आँखों में बसी हुई तरी ये तस्वीर,
मुझे रोने नहीं देती.....
कहाँ जाऊँ मैं अब तेरे ख्यालों से जुदा होके,
तेरी धड़कने मेरी सांसो को मुझसे जुदा होने नहीं देती...

मुश्किल ये नहीं कि वो मेरे पास नहीं..
अफ़सोस तो ये है,
उनको मेरी चाहत का अहसास नहीं..
ऐसा भी नहीं उनको भूल नहीं पाएंगे हम..
मगर अपने दिल पर ही हमे विश्वास नहीं...

आ जाओ तुम पास मेरे,
दिल की एक छोटी से ख्वाईश है..
बात ये मेरी नहीं,
धड़कनो की बस फरमाईश है..
थाम लो आकर तुम एक बार मुझे,
कुछ और नहीं इतनी सी बस गुजारिश है..

ढूंढते कहाँ हो इधर उधर हमे,
हर पल तुम्हारे पास ही तो रहते है..
तुम्हारा दिल ही तो ठिकाना है मेरा,
जहाँ वाले भी तो यही कहते है..
रखना सम्भालकर तुम अपनी धड़कनो को,
एक तुम्हारा और इक मेरा,
दोनों दिल बस उसमे ही तो रहते है…

अब ना टूट जाने की फ़िक्र है हमे,
ना बिखर जाने का कोई गम...
उतर गए हैं उनकी मोहब्बत के सुमंदर में,
चाहे अब दर्द मिले या जख्म...
ना अब किनारो की तलाश है हमें,
ना गहराइयो से कोई ख़ौफ़ है..
चाहे अब तैर जाएँ या बीच में ही डूब जाएँ हम...

रोज़ अक्सर उनकी तस्वीर के आगोश में,
थककर सो जाते हैं..
ढूंढते है जब अपनी मंजिल को,
रास्ते बहुत दूर नज़र आते है..
दिल के एक कोने में आज भी
एक जगह खाली सी नज़र आती है..
देखते है जब भी उसको,
अश्क खुद ही बाहर निकल आ जाते हैं..

हमको तो कोई उम्मीद ना थी,
मगर दिल को उन पर विश्वास था...
चाहत तो उनके दिल में ना थी,
मगर धड़कनो को मेरी अहसास था....
समँझ ही ना पाए थे हम वो रिश्ता आज तक,
मगर फिर भी उनसे ये दिल का रिश्ता कुछ खास था..

क्यूँ मरने के बात करते हो यारो,
आओ थोड़ी ज़िन्दगी और जी लें...
उनके बाद भी तो ज़िन्दगी है,
आओ थोड़ी यारो के साथ भी जी लें..
यूँ तो रोज़ पीतें है उनके गम बैठकर,
आओ आज यारो की खुशी के लिए
थोड़ी यारो के साथ भी पी लें..

तमन्या नहीं थी कोई
उम्र भर उनके दिल में रहने की,
बस मेरी आँखों को
कुछ पलो का दीदार मिल जाता..
उनकी मोहब्बत की कोई चाहत नहीं थी,
बस उनकी ज़िन्दगी में
एक छोटा सा किरदार मिल जाता..
अब तक तो जो भी दोस्त मिले
बेवफा ही मिले,
बस दिल की ये आरजू थी
हमे भी कोई वफायें यार मिल जाता..

भूल जाना तो मुश्किल है तुम्हें,
मगर याद भी कैसे रखूँ…
चाहना तो मुश्किल है तुम्हें,
मगर दिल में बसाकर कैसे रखूँ…
दर्द को सुनाना तो मुश्किल है तुम्हें,
मगर अश्को को छुपाकर कैसे रखूँ…
रास्ता जो नज़र आता है मुझे,
उस पर लौट जाना तो मुश्किल है,
मगर अपने साथ तुमको कैसे रखूँ…

वख्त से आगे निकलने की चाह में,
वो कितने आगे निकल गए थे...
ढूंढना जो चाहा उनको हमने,
अँधेरे में बस कुछ साये ही नज़र आए थे...
उनकी यादें तो मेरे साथ थी,
मगर मिलने के सारे ख्वाब बिखर गए थे..
डूबता गया ना जाने कब तक उनके इश्क में सुमंदर में,
ऑखें खुली तो देखा किनारे कही खो गए थे...

मोहब्बत को मेरी छोड़कर,
जब वो मुझसे दूर जाने लगे...
गमों में वो सारे काफिले,
तब से मेरे साथ आने लगे...
ज़िन्दगी मेरी दर्द के सुमंदर में तब्दील हो गई,
और मीठे दर्द भी सारे नासूर नज़र आने लगे...

बिखर ना जाएँ इस जहाँ में हम कहीं,
इतना तू याद रखना...
अपनी यादों में ना सही,
दुआओं में हमेशा याद रखना..
दिन तो गुजर लेंगे हम तेरे ख्यालो से,
मगर ख्वाबो आना भूल ना जाये,
इतना तू याद रखना..

मतलब की दुनिया है यारो,
मतलब के सब यार हैं..
हर चीज यहाँ बिकती है पैसो में,
बेवफा सब प्यार हैं..
देखा है यही किस्सा हर बार हमने,
गुनाह चाहे कोई भी करे,
मगर बस हम ही गुनहगार है..

तस्वीर बनकर उनकी आँखों में
बस जाने को जी चाहता है..
आज फिर अपने प्यार का
इजहार कर जाने को जी चाहता है..
ऐ खुदा माफ करना मुझे,
भूले से अगर भूल जाऊं तुझे कभी,
आज फिर उनकी यादों में
खो जाने को जी चाहता है..
हर एक साये में उनका ही
अहसास होता है मुझे,
आज फिर उनको पाने के लिए
हर साये से लिपट जाने को जी चाहता है..

अगर मैं शायर हूँ तुम्हारा,
तो तुम मेरी शायरी बन जाओ..

अगर मैं आशिक हूँ तुम्हारा,
तो तुम मेरी आशिकी बन जाओ..

अगर मैं मोहब्बत हूँ तुम्हारी,
तो तुम मेरी चाहत बन जाओ..

अगर मैं दिल हूँ तुम्हारा,
तो तुम मेरी धड़कन बन जाओ..

अगर मैं देखता हूँ तुम्ही को,
तो तुम मेरे ख्वाब बन जाओ..

अगर मैं सोचता हु तुम्ही को,
तो तुम मेरे ख़यालात बन जाओ..

ना कोई तमन्या दिल में रहे बाकी,

अगर तुम साया हो मेरा,
तो तस्वीर बन कर मेरी आँखों में बस जाओ..

एक दिल मेरा बेचारा था,
जिसको चुपके से उसने चुराया था..
बातों ही बातों में उसने ना जाने कब,
उसको अपना बनाया था..
भूल गया था हर गम जिसको मैं पाकर,
ना जाने फिर क्यूँ उसने दूर कही जाकर,
अपना शहर बसाया था..

आज फिर ना जाने क्यूँ
तुम इतने याद आ रहे हो..
बनके नशा शाकी का,
सांसो को मेरी तुम चुरा रहे हो..
दिल को भी मेरे जैसे
तेरी ही चाहत का सरूर हो,
और धड़कनो को भी
मेरी अपने साथ लिए जा रहे हो..

कुछ इस तरहा से वो हमसे दूर हो गए,
जैसे कभी मिले ही ना थे..
वादा तो किया था साथ चलने का,
मगर वो साथ कभी चले ही ना थे..
ख्वाब वो सारे टूट गए ऐसे,
जैसे कभी दिखे ही ना थे..
बर्दाश्त करते रहे हर दर्द को बस उनकी खुशी के लिए..
नासूर बन गए तो सारे जख्म जो कभी सिले ही ना थे..

करके रुसवा मेरी मोहब्बत तो,
वो इस तरहा से मुस्करा रहे हैं..
खंजर कोई हंस हंस के जैसे,
वो मेरे दिल पर चला रहे हैं..
बनाकर आशियाना मेरे दिल को,
वो अब मुसाफिर की तरह चले जा रहे हैं..
मांगते रहे हम खुदा से दुआ जिनके लिए,
देखो वही हर पल गुनाह पे गुनाह किये जा रहे हैं..

मैं खुद ही गवाह हूँ
बस मेरी तन्हाई का..
काश मेरा दिल भी गवाही देता
उनकी बेवफाई का..
शायद मेरी चाहत
कुछ ज्यादा ही सच्ची थी,
तभी तो अफसोस नहीं
उनको मेरी मोहब्बत की रुसवाई का..

क्या लिखूं आज मैं अपनी कलम से,
कुछ याद नहीं आ रहा हैं..
रह रह कर बस तेरा ही,
एक चेहरा नज़र आ रहा हैं..
सोचता हूँ आज तेरी बेवफाई पर ही एक ग़ज़ल लिख दूँ,
या अपने हालात बयां करने को,
एक खत तेरे नाम लिख दूँ..

काश तुम्हारी यादें ना आती,
तो तुम्हारे आने की एक उम्मीद तो होती..
तुम्हारे ख्यालो में ही ज़िन्दगी गुजर जाती,
तेरी तस्वीर पास जो मेरे होती..
ये सवेरा ना हुआ होता अगर,
ख्वाबो से तेरे जाने की बात तो ना होती..
मेरी धड़कनो में रहते अगर तुम,
तो मेरी सांसो के रुकने की औकात तो ना होती..

यूँ हमसे रूठकर चले जाना,
ये शायद उनकी चाहत बन गयी हैं..
यूँ बार बार हमको सताना,
ये शायद उनकी आदत बन गयी हैं..
मोहब्बत तो की थी उनको खुद से भी ज्यादा हमने,
मगर हद से ज्यादा मोहब्बत हमारी,
ये शायद उनकी नफ़रत बन गयी..

तेरी यादो की उलझी सलवटों को,
सुलझाऊँ कैसे..
तुझे पाने का फितूर हैं इस दिल को,
तुझे पाऊँ कैसे..
चाहत से ज्यादा चाहा हैं तुझको,
अब इससे ज्यादा चाहूँ कैसे..
तू कही बहुत दूर हैं मुझसे,
अब ये खुद को समझाऊँ कैसे..
तुझे देखे बिना मुश्किल हैं जीना मेरा,
मगर फिर भी तुझे सांसो से बहार लाऊँ कैसे..

दर्द में ही गुजरी हैं ये ज़िन्दगी,
दर्द में ही बस जीने का मजा आता हैं..
दर्द ही मेरा उनकी खुशी हैं,
दर्द ही बस मुझसे रिश्ता निभाता हैं..
दर्द में ही तो ये जिंदादिली हैं,
दर्द ही तो नींद से मुझको जगाता हैं..
दर्द ही बस एक कहानी हैं मेरी,
दर्द में भी ये दिल बस उनको ही चाहता हैं..

चलो तुमको आज से हम,
सदा के लिए भुला देते हैं..
खुश रहो बस तुम सदा,
दिल से यही दुआ देते हैं..
फ़िक्र मत करना मेरे जख्मो की तुम,
सुबह बेशक वो जगते हैं दर्द बनकर
मगर शामो को फिर मरहम लगाकर सुला देते हैं..

जरा सी मोहब्बत जो की उनकी यादों से,
हमसे वो इतने खफा हो गए..
हमने तो तारीफ की थी उनके दर्द देने की अदा की,
और वो हमको ही ना जाने कितने जख्म दे गए..

बेशक वो हमको याद करे ना करे,
मगर हम उनको भुला ना सके..
ख्वाबों में वो आते रहे सदा,
मगर आँखों को अपनी हम बता ना सके..
लबो पर नाम आता रहा उनका,
मगर किसी को वो हम सुना ना सके...
खुद ही सहते रहे हर दर्द को अपने,
मगर जख्मो को हम किसी और को दिखा ना सके..

दर्द में ही बस सिमटी रही,
हर पल मेरी ये ज़िन्दगी...
एक ख़ुशी के लिए जाने,
कितने गम दे गयी ये ज़िन्दगी...
ख्वाईश तो की थी मैंने बस तेरे पास रहने की,
मगर तुमको न जाने कितनी दूर ले गयी ये ज़िन्दगी...

हर एक साँस में बस उनका ही नाम बार बार आता है...
गुजरे हुए लम्हो का जिक्र,
मुझे उनके और करीब ले आता है..
कौशिस तो कई बार की मैंने,
ख्याल से अपने उनको निकाल दूँ
मगर ख्वाबो में उनका चेहरा फिर से लौट आता है...

मेरी चाहत को वो क्या समझेगें,
मोहब्बत करनी जब उनको आती नहीं...
मेरे दर्द को वो क्या जानेंगे,
वादा तोड़ जाने की आदत उनकी जाती नहीं...
भूल जाने की बुरी आदत है उनकी,
इसलिए उनको कभी मेरी याद आती नहीं है...

अगर सीने में दिल ना होता,
तो मुझे उनसे मोहब्बत ना होती..
अगर ख्वाबों में वो ना आते,
तो मुझे उनकी चाहत ना होती..
अगर उनका ख्याल ना होता,
तो मुझे उनकी तमन्ना होती..
अगर मेरी धड़कनो में वो ना बसी होती,
तो मुझे इन सांसो की जरुरत ना होती...

ये ज़ालिम वख्त भी कुछ तेज़ चलता है,

वरना दौड़ तो हम भी लेते ज़िन्दगी तेरे साथ में....

सीख लेते हम भी तेरे साथ चलना,

कुछ और लम्हे चल लेते अगर वो मेरे साथ में..

मंज़िल भी करीब आ जाती,

सफर भी कुछ आसान हो जाता,

वो आ जाते अगर इन राहों पर मेरे साथ में...

ना हमको इंतजार होता ना उनको इज़हार की जरुरत होती,

वो बोल देते अगर बातों ही बात में...

खुश वो भी होते और खुश हम भी हो जाते,

ये वख्त गुजरता अगर बस उनके ही साथ में...

वो ख्वाब ही तो मेरी ज़िंदगी हैं,
जिनमे उनकी तस्वीर दिखती है...
वो ख्यालात ही तो मेरी बंदगी हैं,
जिसमे उनकी याद बसती हैं..
सोचता नहीं कभी किसी और को एक बस उनके सिवा,
वो हर शाम ही तो मेरे दिल को लगी हैं,
जो उनके इंतजार में ढलती हैं...

मेरी चाहत के पन्नो पे,
लिखा हुआ तेरा नाम आज भी है...
तू चाहे न चाहे,
मेरी आँखों में तेरा वो हसीं ख़्वाब आज भी है...
बेचैन रहता है यूँ दिल मेरा,
जैसे उसको तेरा इंतजार आज भी है...
आकर तू करले मोहब्बत बस एक बार मुझसे,
बाद में फिर तुमको जाने के इजाजत आज भी है...

ना वो आ पाये और उनसे मिलने ना हम जा पाये,
बस यही अधूरी कहानी रही मेरी मोहब्बत की...
हर एक लम्हां गुजरता गया उनके इंतजार में,
बस यही ज़िंदगानी रही मेरी चाहत की..
हर एक वो ख़्वाब जख्म देकर गया,
जो मैंने देखा बंद आँखों से,
आँखे खुली तो मालूम हुआ वो बस एक आहट थी...

भूले से भी मुझको कभी,
भूल ना जाना तुम....
याद मुझे जब भी आये,
लोट के आ जाना तुम....
वादा करो तुम ज़िन्दगी भर साथ निभाने का,
ना जी पाएंगे अब तेरे बिना हम,
ये मान लो मेरी जाना तुम...

एक कशिश थी उसकी आँखों में,
जो मुझको अपना कहती थी,
वो पास रहे या दूर,
उसकी यादें हर पल मेरे साथ में रहती थी..
पूंछा करता था जब भी अपनी चाहत के बारे में उससे,
वो अक्सर चुप रहती थी...
जी ना पाएंगे हम तेरे बिना SKG,
सारी बातें बस ये उसकी आँखे कहती थी....

कोई कहता है मैं शायर हो गया हूँ
उनकी मोहब्बत में...
कोई कहता है मैं पागल हो गया हूँ
उनकी चाहत में...
खुदाया मुझे मॉफ करे,
अब तो वो ही खुदा हो गया है
मेरी इबादत में...

वो लम्हां क्यूँ गुजर गया मेरी ज़िन्दगी से,
जो अब तक मैंने जिया ही नहीं..
वो हर जाम क्यूँ मेरे नाम हो गया,
जो अब तक मैंने पिया ही नहीं..
उस गुनाह की सजा भी मुझको मिली,
जो कभी मैंने किया ही नहीं...
ऐ खुदा किससे पूंछू अपने ये सब सवाल,
तू भी तो कुछ क्यूँ बताता नहीं है..

भूल जाने की बात ना करो अभी,
मुझे थोड़ी और मोहब्बत करने दो..
दूर जाने की बात ना करो अभी,
दिल को थोड़ी और शरारत करने दो...
मिल गए हो तो
बिछड़ जाने की बातें ना करो अभी,
प्यार की इन राहो पर
थोड़ी दूर तो और साथ चलने दो...

तुझको भूल जाने के लिए भी तो,
तेरी यादों का दूर होना जरूरी है...
मेरी मोहब्बत के लिए भी तो,
तेरी चाहत का होना जरूरी है...
सांसे यू तो मेरी चलती रहेंगी तेरे इंतजार में,
मगर उसके लिए भी तो
दिल का धड़कना बहुत जरूरी है..

सोचता हूँ तुम्हे अपने ख्यालो की तरह कभी..
ढूंढता हूँ तुम्हे मिल जाये मुझे तू यही पर कही..
खुली आँखों से ही देख लेता हूँ ख्वाबो में तुम्हे,
गुम ना हो जाएं कभी तू
बंद आँखों किसी साये की तरहा कही..

ज़िन्दगी मेरी सुनसान सी लगती है तेरी चाहत के बिना..
धड़कन मेरी परेशान सी लगती है तेरी आहट के बिना..
सकून आता नहीं दिल को मेरे,
और हर ख्वाईश भी अधूरी सी लगती है
तेरी मोहब्बत के बिना...

भूल पाऊँ तुझे किसी पल,
वो वख्त ज़िन्दगी में कभी आये नहीं...
बेशक तू पास नहीं मेरे,
मगर तेरा साया तो हरदम है यहीं...
तू नज़र आये या ना आये मुझे,
फिर भी तू मेरे अहसास में समाया है कही....

तू बिखर जाये कभी धूल की तरहा,
ये भी तो मुझे गवारा नहीं..
तू बेवफा ही सही,
फिर भी दिल ने कभी तुझे नाकारा नहीं..
ज़िन्दगी में आएंगे बहुत लोग मगर,
तुमसे ज्यादा कोई प्यारा नहीं..
छोड़ कर तुझे मैं जाऊं कहाँ,
इस जहाँ में भी तो कही तेरे सिवा मेरा कोई सहारा नहीं....

दिल की किताब के हर पन्ने पर,
तेरी ही तस्वीर नज़र आती है...
तू याद करे या ना करे,
हमको तेरी बहुत याद आती है..
धड़कन मेरी चलती है तेरे ही ख्याल से,
और सांसें मेरी बस तेरे नाम से ही आती है...

जख्म भर गए वख्त के साथ में,
मगर उनकी निशानी रह गयी...
ख़तम हो गया सिलसिला उनके इंतजार का,
मगर मोहब्बत की एक कहानी रह गयी...
शायद आएंगे नहीं वो लौटकर अब,
मगर उनकी यादें सुहानी रह गयी...
वादें वो सारे टूट गए जो उसने किये थे कभी,
मगर वो कसमें पुरानी रह गयी...

मिल जाये फुरसत कभी गैरो से अगर,
सोच लेना हमारे बारे में भी...
भूले से आ जाये याद मेरी अगर,
सोच लेना अपने वादों के बारे में भी..
बेवफाई तुमसे कर जाये कोई अगर,
सोच लेना मेरी वफाओ के बारे में भी...
खुद से ही नफरत हो जाये तुमको अगर,
तो सोच लेना मेरी मोहब्बत के बारे में भी....

वख्त गुजरता गया,
मगर उनसे मिलने के तमन्या बाकी रही...

चिराग बुझने लगे,
मगर उनके इंतजार में सांसे आती रही...

लौटकर आना नहीं था उनको,
मगर उनकी यादें आती रही...

जख्म तो भर गए वख्त के साथ में,
मगर निशानी उनकी आज तक भी बाकी रही....

एक दिन मैंने अपने दिल से पूंछा,
तू क्यूँ टूट जाता है..
ज़िन्दगी से ज्यादा चाहा हैं जिसको,
एक दिन क्यूँ वो भी रूठ जाता है..
यूँ तो हर एक रिश्ता ख़ास होता है,
सबसे प्यारा रिश्ता भी फिर
एक दिन क्यूँ टूट जाता है...

तेरे आने के सवाल पे भी
तो सनम एक सवाल है....
तेरा वादा करके न निभाने की
अदा भी तो बेमिसाल है..
तुम तो साथ निभा ना सके
इस ज़िन्दगी के सफर में...
मगर तेरी यादों का मेरे पास
रहना भी तो एक मिशाल है...

तेरे होने के अहसास को मैं,
अपने ख्वाबों में देखता हूँ....
तू कब आएगा पास मेरे,
यही दिन रात सोचता हूँ...
जुदा हुए थे जहाँ पर हम,
तेरे निशां भी मिलते नहीं वहाँ,
मगर आज भी एक साये को
उन्ही राहो पर भटकते देखता हूँ...

ओ बेवफा मेरी वफाओं का
तू कुछ तो हिसाब देदे.....
कभी तो मिला कर मुझसे प्यार से तू
कही ऐसा ना हो ये जमाना भी
तुझको बेवफा का ख़िताब देदे..

सोचा ना था जिसके बारे में कभी,
ना जाने कब वो मेरे ख्यालात बन गए..
देखा ना था जिसको आँखों ने कभी,
जाने कब वो मेरी आँखों के ख्वाब बन गए..
बात न की थी जिसकी ख्यालो में भी कभी,
जाने कब वो मेरे दिल की किताब बन गए..
धुंधली सी एक तस्वीर थी जहन में जिसकी,
जाने कब वो मेरी ज़िन्दगी के हमराज़ बन गए...

काश उनकी यादों का एक शहर मेरे पास होता,
आती जब याद उनकी बस उसमे रह लेता..
टूट जाता कभी भूले से भी वो अगर,
तो खुद ही उसे दोबारा से चुन लेता....
ना कभी कोई शिकवा होता उनके जाने का,
हर वख्त बस वो मेरे पास ही होता..

एक ख्याल आया है दिल में मेरे,
तुमको तुम्ही से चुरा लूँ मैं....
ख्वाबो में ही सही कुछ पल के लिए,
तुमको अपना बना लूँ मैं....
धड़कनो को जुदा करके इस दिल से,
तुमको उनकी जगह बसा लूँ मैं....
अपनी राहों से भटक ना जाऊं कहीं,
इसलिए अपनी राहों की तुमको ही मंजिल बना लूँ मैं....

उनको पाने की ख्वाईश में,
ना जाने कितने दिल टूट गए...
उनकी चाहत में,
ना जाने कितने गहरे रिश्ते टूट गए...
कुछ ही पल का साथ था उनका,
फिर क्यूँ वो हमसे रूठ गए...
अहसास भी ना होने पाया हमको,
ना जाने कब वो पीछे छूट गए...

ऐ काश हम भी उन्हें भूल जाते,
और ना वो मेरे ख्यालो में आते....
ना हम उनका इंतजार करते,
और ना वो ख्वाबों में आकर सताते....
ना तमन्नाये होती उन्हें पाने की,
और ना वो हमे अपने पास बुलाते....
ना मोहब्बत होती कभी उनसे,
और ना वो हमे अपनी चाहत दिखाते....
ये ज़िन्दगी भी कितनी खूबसूरत होती,
ना वो बेवफाई करते और ना बेवफा कहलाते....

हर दर्द को अपने,
तेरी ख़ुशी समँझ कर अपनाया है.....
हर शख्स में जाने क्यूँ
दिखता बस तेरा ही साया है..
पूंछे अगर कोई मुझसे मेरी चाहत के बारे में,
एक तेरा ही नाम हर बार लबों पे मेरे आया है..
वफायें तो बहुत की इस ज़माने से हमने,
मगर तेरे ज़ुल्मो-सितम ने बेवफा हमको बनाया है...

उनकी यादें हैं मेरे पास,
इतना तो मुझको सकून है...
उनकी मोहब्बत का जाने मुझ पर,
कैसा ये जनून है..
बेशक वो कहे न कहे अपनी चाहत के बारे में,
मगर मोहब्बत वो करते हैं हमसे,
ये उनके दिल को भी मालूम है..

गुज़र ना पायेगा जो कभी,
तुम्ही वो लम्हां हो मेरी ज़िन्दगी का...
कभी ना भूल पाओगे तुम,
यही वो असर हैं मेरी बंदगी का...
ना पहुँच पाउँगा मैं अपनी मंजिल पर तुम्हारे बिना,
तुम्ही वो रास्ता हो मेरी हर मंज़िल का.....

ऐ खुदा एक ज़िन्दगी और बक्श दे मुझे,
उसने वादा किया है लौट आने का..
ऐ दिल सह ले दर्द अभी तू उनकी यादों का,
ये वख्त नहीं है जख्म दिखाने का....
ऐ अश्क रुक जा अभी तू पलकों में,
ये वख्त नहीं आँखों से बहार आने का....
ऐ शाम गुज़र जा तू जल्दी से,
ये वख्त हुआ है अब ख्वाबों में उनके आने का...

बहाना अश्क का बनाकर वो,
मेरी आँखों से निकल जाते हैं...
कितना भी हम चाहें किसी को,
एक दिन हाथो से हाथ फिसल जाते हैं...
चलते हैं हम साथ मिलकर मंजिल पाने को,
मुसाफिर फिर क्यूँ बीच राहो में ही बिछड़ जाते हैं...

सदियाँ गुजर जाने से भी,
इस दिल में तेरी यादें कम ना होगी...
तेरे एक बेवफा हो जाने से,
इस जहाँ से मोहब्बत खत्म ना होगी....
शिकायत है मेरे दिल को तेरे यूँ छोड़ जाने से,
तू लौट भी आये अब तो भी ये कम ना होगी...

मेरे दिल की धडकनो को संभाल के रखना,
मुझसे बिछड़ जाने के बाद भी..
कोई शिकायत ना करना कभी इस ज़माने से,
दिल के टूट जाने के बाद भी..
हम इंतजार करेंगे हर जहाँ में तेरा,
वापस आ जाना तुम पास मेरे,
हर बार मुझसे दूर जाने के बाद भी...

उनकी यादें सांसों में बसती हैं,
और वो मुझे भूल जाने की बात करते हैं...
उनकी तस्वीर आँखों में बसती है,
और वो मेरी नज़रो से दूर जाने की बात करते हैं...
उनके साथ ये ज़िन्दगी गुजरती है,
और वो हमसे बिछड़ जाने की बात करते हैं...
कैसे समझाऊँ उनको मेरी ज़िन्दगी में उनकी अहमियत,
वो तो हर पल बस मुझे सताने की बात करते हैं...

ये तूने कैसा फैसला किया ऐ ज़िन्दगी,
मोहब्बत का ये कौन सा सिला दिया ऐ ज़िन्दगी....
हम कह भी ना पाएं हाले दिल उनसे,
फिर क्यूँ हमको जुदा कर दिया ऐ ज़िन्दगी....
क्या कसूर था मेरा ये तो बता दे मुझे,
जो तूने उनको खफा कर दिया ऐ ज़िन्दगी....
हर जख्म भर जाता है वक़्त के साथ में,
मगर जो भरता नहीं ये कैसा जख्म दिया ऐ ज़िन्दगी...

उनको भूल जाना भी तो शायद,
मेरे बस में नहीं..
जिस पल उनकी याद न आये,
वो पल कभी आता नहीं...
दिल में उनके नफरत ही सही मेरे लिए,
बस वो खुश रहे सदा खुदा से दुआ है हमारी यही....

अपनी चाहत के पन्नो पे मैंने,
बस एक उनका ही नाम लिखा है..
चाहा है उनको ही मैंने,
बस यही हर सुबह और शाम लिखा है..
अपने दिल के अरमानो को मैंने,
एक खत में बस उनके नाम लिखा है...
जुदा होने लगी हैं सांसे भी मेरी धड़कनो से अब तो,
जाते हुए बस उनको एक आखिरी सलाम लिखा है..

कुछ दर्द अभी बाकी है उन जख्मो में,
जिन पर उसका नाम लिखा है..
कुछ क़र्ज़ अभी बाकी है उन कसमो के,
जिन पर उसका अहसान लिखा है ..
कुछ सांसे अभी बाकी है इस दिल में,
जिसकी धड़कन में उसका नाम लिखा है...
कुछ ख्वाब अधूरे हैं उन आँखों में,
जिनकी पलकों पे उसका पैगाम लिखा हैं..
एक साया अभी भी चलता है साथ मेरे,
जिसके चेहरे पर मेरी जान लिखा है...

वो वख्त भी हमारा न हुआ,
वो दोस्त भी हमारा ना रहा..
वो पल भी गुजर गया,
वो प्यार भी हमारा ना रहा..
वो धड़कने भी हमारी काबू ना रही,
वो दिल भी हमारा ना रहा..
ये कैसी सजा हो गई है ज़िन्दगी...
वो सांसे भी हमारी थमती गई,
और वो ज़िंदा भी अब मुझमे ना रहा..

तेरे यादों में रहने से ही,
खुशियों के दीये दिल में जलते रहे..
तू सलामत रहे धड़कनो मेरी,
यही दुआ बस हम करते रहे..
जिन्दा तो आज भी तू मुझमे है कही,
आँखों को मगर देख पाना मुमकिन नहीं..
दिल से महसूस करते हैं तुझे,
इसलिए चाहत में सदा तू बस बनी रहे..

क्यूँ बीच सफर में ही लोग,
अपनों से दूर हो जाते हैं..
छुपा के रखा था जिन्हें ज़माने की नज़रो से,
क्यूँ वही एक दिन इतने मशहूर हो जाते हैं...
दिल पर कहाँ जोर चलता है किसी का,
जब ये दिल किसी के लिए धड़कने को मज़बूर हो जाते हैं...
ज़िन्दगी से ज्यादा चाहना किसी को,
क्यूँ ज़माने की नज़रो में कसूर हो जाते हैं..
एक ख़ुशी की चाहत में गुजर जाती है ज़िन्दगी,
यही सब क्यूँ हर किसी के दस्तूर हो जाते हैं ..

तेरे चाहने वालो में तो हम ना थे,
मगर दिल को धोका हो गया..
हमको तो कोई खबर भी न हुई,
कब ये दिल तेरा हो गया..
कसूर था नहीं कोई मेरा,
फिर यार क्यूँ मेरा मुझसे बेवफा हो गया..
मोहब्बत तो की थी दिल ने मेरे,
फिर प्यार तेरा क्यू मेरे लिए एक सजा हो गया..

जब कोई अपना ना बन सके तेरा,
तो तू ज़िन्दगी से निराश ना हो..
बना ले किसी गैर को ही अपना,
जब कोई अपना तेरे साथ ना हो..
ये ज़रूरी तो नहीं ज़िन्दगी में सभी साथ निभाते है सदा,
अकेले चलना भी तो ज़िन्दगी है दोस्त,
इस तरह ज़िन्दगी से तू हताश ना हो...

उनकी ये खामोशी
हमको बेचैन कर देती है.....
ये महकी फिजायें
उनके आने की खबर देती है.....
ये अलग बात है
वो बस ख्वाबों में ही आते है...
मगर ये ख्वाब ही तो
उनकी चाहत बनकर मेरे दिल में समाते है....

प्यार जब भी उसने किया,
बस दिखाने के लिए..
हम यूँ ही मरते रहे उन पर,
बस मिट जाने के लिए..
वो मिले भी तो ऐसे जैसे
एक अहसान किया हम पर,
हम उनसे मिलते रहे बस थोड़ी
मोहब्बत पाने के लिए..
हर सजा से उनको बरी करते रहे हम बार बार..
और वो गुनाह करते रहे,
बस हमको सताने के लिए..

भूल जाना तुम्हें अगर बस में होता मेरे,
तुम्हे याद करने के कभी कौशिश ना करते..
किसी और से मोहब्बत करना बस में होता मेरे,
मुझसे बेवफाई करने की तुम जरुरत ना करते..
यूँ एक दिल तोड़ दोगे मेरा, ये खबर होती हमको अगर..
तुम्हारे लिए यूँ दिल में चाहत रखने के हिमाकत ना करते...

एक चेहेरे को देखा तो लगा ऐसे,
तेरी कोई तस्वीर दिल में बसी हो जैसे..
धड़कने यूँ शोर करने लगी,
तेरे आने की फिर कोई उमींद जगी हो जैसे
आंखे मेरी यूँ राह तकने लगी,
सांसे तेरे इंतजार में ही रुकी हो जैसे
आहट हुई किसी के आने की भी अगर,
दिल को अहसास हुआ ऐसे,
तुम लौट इस जमी आये हो पर जैसे..

ऐ ज़िन्दगी तू मुझसे क्यूँ इतनी, खफा खफा सी लगती है,
कभी पास मेरे तो कभी, जुदा जुदा सी लगती है..
सिमटी हुई है मेरे दिल की किताब में एक कहानी की तरह,
फिर भी क्यूँ तू टुकड़ो में बिखरी सी लगती है..
भूलकर सारे गम सदा मुस्कराया हूँ तेरे साथ में,
फिर भी क्यूँ तू ग़मों की एक दस्ता सी लगती है...
हर एक वादा निभाया मैंने पूरी सिद्दत के साथ में,
फिर भी क्यूँ तू एक बेवफा के जैसी लगती है....
तुमको मालूम है चल नहीं सकता मैं एक भी कदम तेरे बिना,
फिर भी ना जाने क्यूँ तू एक सजा सी लगती है...

ऐ ज़िन्दगी

तुझको आना नहीं था ए ज़िन्दगी,
फिर भी तेरी तलाश में घूमता रहा ज़िन्दगी भर..
ना वजूद था कोई तेरा,
फिर भी तेरा साथ पाने को तुझे
ढूंढता रहा ज़िन्दगी भर...
वो खुश थे दर्द देकर मुझे,
मगर मैं उसके लिए खुशिया ढूंढता रहा ज़िन्दगी भर
ना उम्मीद थी उनसे कोई,
फिर भी हर पल एक उम्मीद ढूंढता रहा ज़िन्दगी भर
वैसे तो कई दोस्त मिले,
फिर भी उसमे एक दोस्त को ढूंढता रहा ज़िन्दगी भर
उसकी चाहत में हम ना थे कभी,
मगर उसकी नफरत में भी प्यार ढूंढता रहा ज़िन्दगी भर..
मैं खुद के बारे अब क्या कहूँ,
मैं खुद में ही बस खुद को ढूंढता रहा ज़िन्दगी भर..

एक अश्क का दर्द

तू अब उनको याद ना कर,
मैं आँखों से तेरी निकल ना जाऊं..
निकल के तेरी आँखों से,
इस जहाँ मैं कही बिखर ना जाऊं..
एक बार जो निकल गया तेरी आँखों से,
फिर भीतर ना मैं जा पाउँगा..
जैसे तू मरता हैं रोजाना उनके बिना,
मैं भी तेरी आँखों के बिना मर जाऊंगा..
तू उनकी फरयाद ना कर,
मैं तेरी आँखों से तेरी निकल ना जाऊं..
निकल के तेरी आँखों से,
इस धरती पे कही मर ना जाऊं..
अनमोल बड़ा हूँ मैं,
पर मेरा कोई मोल नहीं हैं उनके लिए..
फिर क्यूँ मरता हैं,
फिर क्यूँ जीता हैं तू बस उनके लिए..
तू उनको प्यार ना कर,
मैं आंख से तेरी निकल ना जाऊं..
निकल के तेरी आँखों से,
इस दरिया में कही मर ना जाऊं..

कटता नहीं कोई भी लम्हां,
जो तेरी यादों के बैगैर हो..
ढूंढ लाऊँ तुझे इस जमी पे,
कही तेरा अगर शहर हो..

मेरा दर्द ही शकून है तेरा,
तो ये दर्द भी मुझको कबूल है..
तू नहीं तो तेरी यादें ही सही,
इसमें भी मेरे दिल को शकून है..

शुक्र गुजार हूँ मैं तेरा ऐ ज़िन्दगी,
सिखा दिया तूने मुझे बदल जाने का हुनर..
इसी कसमकश में था अभी तक,
कैसे बदल जाते हो लोग मौसम की तरह...

वैसे तो उनकी यादें अक्सर,
मेरी तन्हाई दूर कर जाती है..!
मगर जब मेरे साथ है उनकी यादें,
फिर ये ज़िन्दगी क्यूँ एक तन्हाई नजर आती है..!!

ज़िन्दगी उनके बिना इतनी
आसान होती मेरे यारो...
तो हम मोहब्बत में यु
कुर्बान होने की बातें न करते..!!

ना जाने कितने जख्म दिए हैं
इन बेवफा राहो ने हमे..
नफरत सी हो गई है अब तो
मंजिल के नाम से भी...!!

ना ज़िक्र करेंगे हम किसी से
तेरी बेवफाई का..
मगर एक आखिरी वादा तो कर
किसी से वफ़ा निभाने का ...

उनको खुदाया मॉफ करे
उनकी बेवफाई के लिए..
हमने तो जीना सीख लिया
अब उनके बिना....

मोहब्बत तो बेपनाह उनसे
आज भी करते हैं हम..
फर्क इतना है बस पहले कहते थे
अब चुप रहते है हम..

अगर तुम चाँद बन जाओगे,
तुम्हारी चांदनी से ही मोहब्बत कर लेंगे..
अगर तुम चाहोंगे तुम्हारी हर ख्वाशिस को
अपनी चाहत के रंग देंगे..

हमने उससे कहाँ बर्बाद हो गए हैं
तेरी चाहत में..
उसने हँसकर कह दिया,
किसको देखा हैं आबाद हुए इस मोहब्बत में..

हर एक साँस में बस,
तेरा ही नाम लेकर जीतें हैं..
याद में तेरी कभी कम,
तो कभी ज्यादा पीते हैं..

मोहब्बत अगर बेवफा होती,
जमाने में कोई किसी से ना करता ...
चाहत अगर तुमसे ना होती,
ये दिल वफाये किसी से ना करता..

अपने हर दर्द को भी कह दिया हमने,
तू जख्म में तब्दील ना हो जाना...
वो ना आएगा कभी लौटकर,
तेरे जख्मों पर मरहम लगाने को....

About The Author

Suneet Gupta is a shayar and a person with keen observation of people and the emotional drama that's played out in human life. His experience with life has made him a master crafts man with an ability to portray human emotions with astonishing ease and lucidity. Suneet started writing at a very young age and he found shayaries an easy outlet to express his emotions. Love and the emotions attached to it often become the focal point in these shayaries.

He was born and raised in Uttar Pradesh and his mother was his first teacher, who taught him to be humble and grounded.

www.ingramcontent.com/pod-product-compliance
Lightning Source LLC
Chambersburg PA
CBHW051428090426
42737CB00014B/2862